Desglose del Segundo paso de Alcohólicos Anónimos

Oslos Molina Palacios

TÍTULO DEL LIBRO

DEDICATORIA

Este libro va dedicado a todas aquellas personas que ha
dejado de beber atraves del maravillos programa de
alcohólicos anónimos, este punto de vista siobre los pasos
expandira la vision sobre el programa de recuperación que
utilizamos a diario para mejorar nuestra calidad de vida y
darle vida a las 12 promesas que hay dentro de nuestro
programa

CONTENIDO

AGRADECIMIENTOS

Bill Wilson
Robert Holbrook Smith
Comunidad de Alcohólicos Anónimos

SEGUNDO PASO, SANO JUICIO

Cómo podemos darnos cuenta aún no menciona una palabra tan incómoda para muchos alcohólicos... que es Dios , simplemente dice poder superior ya que precisamente en este paso nos vamos a dar cuenta que tipo de Dios hemos concebido toda nuestra vida y que concepto tenemos de un poder superior con las 3 vertientes que tiene el enfermo que son: El religioso que dice que se puede comprobar que Dios si existe, el agnóstico dice que la existencia de Dios no se puede comprobar y el ateo quien asegura que se puede comprobar que Dios no existe. (Bill W., 1985, p.19)

Es una parte muy importante darnos cuenta el día de hoy en donde estamos situados ya que de aquí saldrán muchos de los llamados resortes ocultos dentro del enfermo alcohólico o adicto, nos daremos cuenta que cualquier enfermo que trate de salir de la locura en la cual se encuentra sumergido solamente un poder superior Dios como cada quien lo conciba nos podrá ayudar.

En primer lugar, se encuentra el caso del beligerante es un individuo que se encuentra en un estado salvaje el cual pelea a capa y espada la filosofía de su vida la cual comúnmente se encuentra llena de muchos vacíos y errores que lejos de aceptarlos, encuentra en ellos una justificación ya sea para seguir dañando o seguir consumiendo.

Podrá hablar mucho este individuo, pero sus hechos dan a relucir su fracaso ante la vida.

En este caso menciona la literatura que su padrino se ríe de su caso aun cuando al ahijado esto le parece el colmo y se siente herido o exhibido ya que piensa que la risa es de burla y no es así ya que en AA cuando en algunas veces nos compaginamos con algún historial somos muy dados a reírnos de nosotros mismos ya que pasamos las mismas circunstancias.

En esta experiencia que menciona el paso 2 es algo muy similar, inclusive dice que este es el principio del fin, el principio de una vida nueva y el fin de una vida pasada, hay que tomarse las cosas con calma, sin embargo el individuo que es beligerante siempre se encuentra a la defensiva y en contra de todo, es por ello que el padrino da 3 sugerencias que seguramente tendremos que experimentar en este camino de AA la primera es que AA no te pide que creas en nada es decir que no nos interesa realmente si se cree o no en Dios ni el tipo de religión que profese la persona, la segunda es que todos los pasos de AA solamente son sugeridos no se tiene que llevar acabo todo de golpe ya que los pasos de irán infiltrando gradualmente y la tercera es dejar de entrar en debates estériles e inútiles simplemente tener una mente alerta y receptiva , dejar de preguntar qué fue primero si la gallina o el huevo, solo es por primera vez en nuestra vida el comenzar a dejarnos guiar, ya que una persona que siente que tiene todas las respuestas de la vida no se siente atraído en desechar esas viejas ideas pues realmente le da mucho miedo darse cuenta que esa forma de pensar siempre lo ha llevado al fracaso.

Muchos han llegado adorar la ciencia dejando a un lado cualquier cuestión que tenga que ver con Dios sin embargo esta manera de pensar siempre han tenido resultados nulos, algunos que inclusive no han podido dejar de beber o consumir. Hay un sin fin de caminos para llegar a esa Fe que obra inclusive los alcohólicos comparten en millares de experiencias como es que han concebido este tipo de Fe, por ello la importancia que tiene en cada uno de nosotros en la búsqueda de la Fe y encontrar nuestro camino pues no hay solamente uno hay miles, inclusive en este paso se nos da una sugerencia que es empezar a tomar como un Poder superior a un grupo de AA ya que este puñado de hombres y mujeres han hecho algo que con nuestros propios recursos no hemos podido hacer que es dejar de beber o consumir o sufrir.

Por esta razón podemos en un inicio tomar como poder superior a un grupo, y a través del tiempo se podrá llegar a concebir a ese poder superior como cada uno lo conciba. Ahora veamos otro caso que viene dentro de este paso, que es la persona que ha tenido en algún momento Fe pero que la ha perdido, los que han caído en la indiferencia los que están llenos de autosuficiencia, se han apartado de Dios, ya que Dios en su momento no cumplió sus exigencias se emberrincho y dejó a un lado algo tan valioso como la Fe.

Es más fácil ayudar a una persona que ha rechazado o nunca ha tenido Fe que a una persona que ha creído que tiene Fe pero camina el camino de la Fe pero sin Fe, es decir piensa que ya hecho lo posible por cambiar su forma de beber consumir o vivir y nada le ha dado resultados, este es un individuo totalmente desorientado resentido y soberbio, ya que a veces la obstinación la indiferencia o autosuficiencia son obstáculos más resistentes que el mismo agnosticismo o ateísmo, realmente es una persona totalmente desorientada que piensa que para él o ella ya no hay a dónde ir.

Tuvimos los enfermos el grave error de poner nuestra Fe en cosas banales o terrenales pensando que estás nos devolverían la felicidad como el dinero, una pareja, la familia o un ser humano nos falló y comenzamos a dejar de tener confianza en el ser humano inclusive hasta en nosotros mismos ya que nos fallamos tantas veces pensado en dejar beber y de sufrir que cuando menos nos dimos cuenta ya estábamos nuevamente consumiendo y sufriendo es por ello que tuvimos que ir por esa Fe perdida y muchos la hemos encontrado en AA.

Ahora vamos con otro tipo de individuo que es el intelectualmente preparado, su Dios de este individuo es la Ciencia y para el no existe ningún tipo de Dios más que el de su universo, el Dios de su intelecto a desplazado el Dios de sus padres y lo ha rebasado de tal manera que vive totalmente vacío y desorientado, es un burro cargado de literatura es una persona que tiene la medicina para todos menos para el mismo, de nada le sirve saber tantas cosas respecto de su vida si realmente no lleva a la práctica nada, sin embargo el alcohol o las drogas tenían otro tipo de planes para él, es un golpe devastador para su ego, siempre oculta su enorme soberbia creyéndose más que los demás y demuestra humildad pero en el fondo se siente superior a todos, está forma de pensar solo lo ha llevado a la catástrofe esto es lo que tendrá que trabajar y reconocer.

Ahora vamos con otro caso no menos importante los que tienen prejuicio de Dios y tienen un profundo resentimiento con las religiones ya que esta persona ha pasado experiencias desagradables y a estereotipado la imagen de Dios con la religión esto se tiene que trabajar ya que la búsqueda de la Fe de esta persona tiene la dificultad que su Fe sea ingenua y de

corazón, sin embargo en AA aprende que realmente la

espiritualidad y la Fe no tienen nada que ver la con la religión y es donde puede llegar a tener un poder superior como él o ella lo conciba de una manera natural y sin prejuicio.

Muchos AA han concebido a un Dios castigador o de sacrificios regularmente es lo que nos inculcan desde muy pequeños al llegar a AA nos damos cuenta de que tenemos que aprender a desechar estar viejas ideas para adoptar nuevas. Los AA somos desafiantes por naturaleza y no es raro que por ello hayamos desafiado a Dios mismo, confundimos la confianza con el desafío y eso nos llevó a tener grandes dificultades en nuestra vida entre las cuales está la forma de beber y drogarnos, es por ello que se dice que no se puede creer en Dios y desafiarlo al mismo tiempo, tenemos que ser muy honrados en este apartado ¿Qué tipo de Dios se está concibiendo si lo que estamos haciendo es seguir dañando?

El desafío proviene de las exigencias que Dios no nos pudo complacer como esa larga lista de deseos cuando éramos niños a Santa Claus o los reyes magos, está actitud la adoptamos hacía con Dios, la pareja de la cual estábamos enamorados tenía una forma de pensar, le pedimos a Dios que la cambiará y no fue así, pedimos éxitos económicos y fracasamos, pedimos hijos sanos y salieron enfermos, le pedimos que los quitará o nos arrancará nuestra obsesiva forma de beber y no lo concedió nos resentidos y muchos de nosotros dijimos al diablo con la Fe.

La rebeldía de los alcohólicos nos había llevado a decirle a Dios como tiene que resolver nuestra vida, pero nunca le pedimos que nos dejara ver su voluntad hacia con nosotros, este fue nuestro error, al entrar al grupo de AA hemos aprendido nuevos conceptos y hemos adoptado una nueva forma de pensar y de vivir, esto nos ha ayudado a seguir hacia adelante y en el camino concebir esa Fe que Obra.

Por último, está el caso del Religioso, el que dice tener a Dios en su vida, pero aún se está emborrachando o teniendo actos de mal juicio, está bien con Dios según él pero está mal con su familia, en el trabajo, en su economía con sus hijos y sociedad. Este individuo el cual diremos que es un fanático ha perdido la perspectiva de vida y tiene que ser regresado a su realidad, ya que de nada le sirve creer en Dios si no actúa con buen juicio ante situaciones que van aconteciendo en la vida, el religioso es una persona que siempre rezo diciéndole a Dios concede me mis deseos en vez de decir hágase tu voluntad y no la mía, del amor a Dios y del amor al prójimo realmente no sabe nada es irracional en su forma tanto de pensar, actuar y hablar ya que su boca dice amar a las personas pero los sigue dañando con sus actitudes.

Son pocos los alcohólicos que realmente se dan cuenta de los irracionales que han sido en la vida, y este segundo paso nos da las herramientas para ver de cerca nuestra vida que ha sido llevada por actos de mal juicio, sano juicio es tener salud mental y ser cuerdos en lo que hablamos, actuamos y pensamos, los enfermos somos muy dados a mentir siempre y nunca aceptamos las veces que hemos tenido episodios de locura aún sin beber, es por ello que un enfermo aceptará más tranquilamente que es alcohólico, drogadicto, dependiente o neurótico, sin embargo cuando se le menciona que es un enfermo mental por no decirle que está loco, se exalta y se pone de inmediatamente a la defensiva, pero no es verdad que dicen amar a las personas y las daña, dicen que aman a sus esposas pero las engañan, dicen amar a sus hijos

y los golpean, dicen querer dinero pero son perezosos, siempre el enfermo se ha autoengañado y este paso nos abre la mente analizar este tipo de situaciones.

Por lo tanto, el Segundo Paso es el punto de convergencia para todos nosotros. Tanto si somos ateos, agnósticos, o antiguos creyentes, podemos estar unidos en este paso. La verdadera humildad y amplitud de mente pueden llevarnos a la fe, y cada reunión de A.A. es un seguro testimonio de que Dios nos devolverá el sano juicio, si nos relacionamos de la forma debida con El. (Bill W., 1985, p.31)

Por eso es la insistencia de que no faltes a tus reuniones, no faltes, realmente uno no sabe en qué momento llegará el sano juicio a través de la experiencia de un compañero o junta de estudio etc. Las reuniones nos darán la pauta para seguir hacia adelante día tras día, mes a mes y año tras año, Es momento de poner en pausa nuestra vida detenernos y mirar no a los demás si no a nosotros mismos para darnos cuenta que el Dios que concebimos si es que había alguno, nunca le dimos la importancia e inclusive llegamos a desafiarlo, exigirle e inclusive sugerirle como debía arreglar nuestros asuntos y nuestra vida, las reuniones nos harán abrir la mente y corazón para que la gracia de Dios se comience a infiltrar.

ACERCA DEL AUTOR

Es un miembro de Alcohólicos Anónimos que llego desde muy temprana edad a una agrupacion de AA y que atraves de su experiencia trata de darle luz y esperanza a las personas que aun siguen sufriendo por su manera de consumir, de ninguna manera trata de creer que tiene la verdad absoluta en AA , es simplemnete un punto de vista y experiencia del mismo

Made in the USA
Thornton, CO
10/23/24 13:10:40